DELEGARE CON SUCCESSO

Risparmiare tempo e aumentare la qualità del lavoro

DELEGARE CON SUCCESSO

Risparmiare tempo e aumentare la qualità del lavoro

scritto da Véronique Bronckart
tradotto par Sara Rossi

DELEGARE CON SUCCESSO

- **Il problema:** come assegnare efficacemente compiti e responsabilità ai dipendenti?

- **Perché è utile:** delegare i compiti ai colleghi non solo fa risparmiare tempo in un progetto, ma motiva e alimenta il loro talento per dare al progetto tutte le possibilità di successo.

- **Contesto professionale:** gestione di progetti, gestione di team, ecc.

- **FAQ :**

  - Non mi sento sopraffatto, devo comunque delegare?

  - Quando è il momento giusto per delegare?

  - Quando delego, rinuncio a una parte del progetto?

  - Posso assegnare al mio team tutti i tipi di incarico?

  - Una volta che il compito è stato delegato, devo ancora svolgerlo?

  - Quali strumenti possono aiutarmi a organizzare la mia delega?

  - Quali sono i rischi della delega?

  - Come posso essere sicuro che il mio dipendente prenderà questo incarico in modo positivo?

- ○ È possibile revocare una delega durante il progetto?

- ○ Devo formalizzare la mia delega per iscritto?

Per molti delegare significa "perdere il controllo". Per paura di turbare gli altri, per mancanza di fiducia o semplicemente per assicurarsi che un progetto sia realizzato secondo le proprie aspettative e condizioni, cercano di portare a termine il compito da soli. In questo caso, però, il pericolo di essere sopraffatti dal numero di compiti da svolgere e di non raggiungere l'obiettivo, o addirittura di soffrire di burnout, non è lontano.

Per evitare questo tipo di situazione, un buon project manager padroneggia l'arte del delegare in modo efficace. Infatti, il suo ruolo non è quello di mantenere il controllo di ogni componente del progetto, ma di orchestrare l'insieme! Affidare un numero massimo di compiti ad altri gli permetterà di evitare il sovraccarico e lo stress che potrebbero essere dannosi per il successo del progetto e di concentrarsi sulle azioni più importanti. Inoltre, darà una certa sicurezza ai membri del team che si sentiranno coinvolti, il che li motiverà e li farà sentire apprezzati. Tutti vincono!

Ma la delega non è una decisione da prendere alla leggera e non deve essere presa in fretta, con il rischio di danneggiare il progetto e di dissuadere dal ripetere l'esperienza. Non abbiate paura di affidarvi ai vostri colleghi e scoprite le regole da seguire e i comportamenti da rispettare nei loro confronti per delegare senza paura e portare a termine con successo il vostro progetto.

LE BASI DI UNA DELEGA EFFICACE

COSA SIGNIFICA DELEGARE?

Passaggio di responsabilità

La prima cosa da evitare è confondere la delega con l'assegnazione dei compiti, poiché si tratta di due approcci molto diversi. Delegare significa assegnare uno o più compiti (o obiettivi, dato che le azioni seguiranno da questi) a uno o più dipendenti e responsabilizzarli. Non si tratta di abbandonare un progetto, di perderne il controllo, di decentralizzarlo o addirittura di perdere potere, ma di condividerne la realizzazione a vantaggio di un migliore risultato finale.

Il concetto di responsabilità è essenziale in questo caso. Quando un dipendente riceve un incarico, deve avere una certa libertà decisionale. Deve essere in grado di procedere come desidera per raggiungere l'obiettivo prefissato. Se non ha questo potere decisionale, non si tratta di una delega, ma semplicemente della trasmissione di un ordine a un subordinato. Tuttavia, anche se il vostro collaboratore è responsabile del raggiungimento del suo obiettivo, voi rimarrete il garante delle attività e delle decisioni del collaboratore a cui avete delegato il compito. Per questo motivo, dovrete avere piena fiducia nella persona che avete scelto e dovrete garantire un certo numero di controlli per assicurarvi che gli obiettivi siano raggiunti.

◉ DELEGA TEMPORANEA O PERMANENTE?

La delega temporanea è la forma più comune. È frequente che un subordinato sostituisca il manager di linea responsabile delle decisioni durante l'assenza di quest'ultimo o che venga chiamato in causa se sono richieste le sue competenze. In questo caso, le nozioni di decisione e autorità sono dissociate: il subordinato prende le decisioni durante il periodo di delega, ma non è responsabile delle conseguenze.

La delega permanente è la concessione di un'autorità decisionale a lungo termine per alcune situazioni predefinite. I concetti di decisione e responsabilità sono associati; il dipendente deve quindi assumersi le conseguenze delle proprie azioni. In questo caso, è consigliabile prevedere una modifica del contratto di lavoro del dipendente.

Stili di gestione

È il tipo di gestione che influenza e facilita la delega all'interno dell'azienda. Essa può essere:

. **direttiva.** Questo stile di gestione è molto strutturato. Le istruzioni e le linee guida sono precise. In genere il dipendente non ha un vero potere decisionale, il che non è molto motivante. Non si tratta di una delega vera e propria, ma piuttosto di dare ordini per l'esecuzione di un compito;

. **esplicativo.** È organizzato in vista di una mobilitazione. Le istruzioni e le linee guida sono precise e accompagnate da spiegazioni e giustificazioni delle decisioni prese. Il livello di autonomia del personale è basso, il che può rallentare il processo di sviluppo del progetto;

. **partecipativo.** Questo stile è orientato alla relazione. Sebbene possa sembrare un po' disorganizzato, è relativamente efficace. Le decisioni vengono prese insieme ai dipendenti, il che li motiva e li incoraggia a partecipare al progetto;

. **gestione "delegata".** Questo tipo di gestione, basata sulla fiducia che il superiore ripone nei propri collaboratori, si fonda sulla responsabilità, l'autonomia, l'iniziativa e il processo decisionale. I membri del team si sentono apprezzati e investiti nel progetto.

Ogni stile di gestione ha i suoi punti di forza e di debolezza. L'arte del buon team leader consiste nel saper passare da uno stile all'altro a seconda della persona a cui si rivolge e della situazione. È ovviamente lo stile "delegativo" quello che meglio promuove la delega tra un manager e il suo team.

La legge della divisione del lavoro

Molti manager hanno perso la fiducia nella delega e trovano mille scuse per non utilizzarla: "È una responsabilità troppo grande per i dipendenti", "Il compito non sarà svolto correttamente", "Ci vorrebbe troppo tempo per spiegare tutto". Così facendo, dimenticano subito un piccolo ma importante dettaglio: la delega è in linea con la legge della divisione del lavoro. Teorizzato da

Adam Smith (economista illuminista britannico, 1723-1790), consiste nel dividere un singolo compito complesso in più parti che vengono poi svolte da professionisti diversi. Logicamente, una persona concentrata su un compito specifico sarà più efficiente di un'altra che cerca di gestire più compiti. Pertanto, la delega, attraverso la divisione del lavoro, aumenta la produttività. Sarebbe un peccato non approfittarne!

Quali sono i reali benefici?

Un project manager non è superman, non può fare tutto in una volta, con il rischio di non essere concentrato sui compiti importanti e di commettere errori. Saper delegare è, quindi, una vera e propria abilità da acquisire per ottimizzare la gestione del tempo ed evitare di essere sovraccaricati o addirittura sopraffatti. Affidando i compiti ai dipendenti, il manager può dedicarsi ai compiti specifici della sua posizione. Per farlo, dovete accettare di perdere un po' di tempo all'inizio per guadagnarne nel lungo periodo. Questa strategia di gestione è spesso raccomandata come parte della prevenzione del burnout.

La delega è consigliata anche e, soprattutto, come parte di una strategia globale di gestione del team per svilupparne le prestazioni, sfruttare le competenze e l'esperienza di ciascun membro e mobilitarlo per motivarlo meglio. In effetti, affidare una missione e responsabilizzare i dipendenti per il raggiungimento di un obiettivo è molto gratificante. Si sentiranno utili all'azienda e, prendendo coscienza dell'importanza del loro ruolo nello sviluppo dell'impresa, saranno ancora più coinvolti nella loro missione. Infine, delegando alcuni compiti a persone competenti, si garantisce la qualità del lavoro e si permette loro di sviluppare le proprie capacità. Infine, l'obiettivo della delega è avere successo insieme.

I FRENI

Le resistenze a questo approccio possono essere molteplici:

- la mancanza di fiducia in sé stessi o nei colleghi;

- mancanza di tempo per definire gli obiettivi da delegare e a chi;

- una mancanza di competenze all'interno del team;

- una mancanza di competenza nella delega;

- paura di perdere il potere;

- il timore di creare gelosie all'interno del team.

Questi ostacoli sono circoli viziosi. Per romperle, c'è solo una soluzione: imparare le regole per una delega efficace.

PREPARAZIONE DELLA DELEGA

È importante non aspettare di essere sopraffatti prima di affidare una parte del proprio lavoro a qualcun altro, perché ciò richiede una buona dose di preparazione preliminare. Come per ogni decisione, le domande "Cosa? Chi? Come? Perché?"

Definire i compiti

Prima di buttarvi a capofitto e delegare tutto, iniziate a selezionare i compiti che potete svolgere da soli in base al vostro carico di lavoro e alle vostre competenze. Poi, analizzate gli altri e suddivideteli in quelli che:

- possono essere facilmente svolti da altri (compiti di routine con un impatto minimo sul resto del progetto);

- richiedono una particolare abilità;

- possono essere affidati a un soggetto esterno.

Assicuratevi di non delegare solo i compiti più difficili, ma anche alcuni di quelli più gratificanti, altrimenti rischierete di demotivare il vostro collaboratore. Infine, è ovvio che non si possono delegare compiti che sono di competenza del manager, come la risoluzione dei conflitti, la disciplina, ecc.

Scegliere il dipendente giusto

Il passo successivo è la scelta del delegato. È molto importante scegliere la persona giusta per svolgere il compito in modo efficiente. Sarebbe improduttivo affidare la creazione del sito web aziendale a un principiante del computer, anche se si vuole accontentarlo.

L'obiettivo è quello di conoscere le competenze dei vostri dipendenti, il loro potenziale, il loro carico di lavoro attuale, la loro motivazione e i loro piani di carriera per organizzare la vostra delega in modo che l'intero gruppo ne tragga vantaggio e dia il meglio di sé. Questo approccio fa parte di un approccio di squadra: non si tratta solo di risparmiare tempo, ma anche di mettersi nei panni dei propri dipendenti per aiutarli a progredire e ad avere successo insieme.

Iniziate ad elencare i compiti che volete delegare e poi analizzate il profilo dei vostri colleghi. A tal fine, utilizzate una matrice di competenze. Vi fornirà una panoramica delle risorse tecniche e umane dei vostri dipendenti e vi permetterà di abbinare l'esecuzione di una mansione a un particolare profilo.

Quindi, per un progetto che prevede l'implementazione di una nuova campagna pubblicitaria, ad esempio, assicuratevi che la persona selezionata abbia competenze in materia di comunicazione e marketing, oltre a un carnet di contatti pubblicitari rilevanti per l'incarico. Una volta scelta la persona, accertatevi che abbia il tempo da dedicare all'incarico e che sia disposta a impegnarsi nel progetto.

Definizione degli obiettivi

Prima ancora di pensare di informare la persona fortunata della vostra decisione, dovete definire chiaramente la missione e gli obiettivi da raggiungere per facilitare il piano d'azione da attuare. Il metodo S. M. A. R. T. E è molto utile a questo scopo.

- **S = Specifico**. Qual è esattamente la missione?

- **M = Misurabile**. Come misurerò i risultati ottenuti? Cosa mi permetterà di dire che il risultato è stato raggiunto?

- **A = Ambizioso**. Perché è importante raggiungere questo compito e questo obiettivo? Si tratta di definire la forza motrice della motivazione!

- **R = Realistico**. La missione è fattibile? Quali risorse metterò a disposizione del mio collaboratore per il suo successo (finanze, formazione, materiali, ecc.)?

- **T = Tempo**. Entro quanto tempo deve essere raggiunto l'obiettivo? Tenete conto dell'attuale carico di lavoro del dipendente interessato.

- **E = Ambiente (environment) /Entourage**. Anche se non è sempre accettato (la versione più conosciuta non ha la E), alcuni professionisti aggiungono questo aspetto. Il punto è verificare che il progetto non danneggi voi o l'azienda.

Scenario

Facciamo un esempio per illustrare meglio il nostro punto di vista. Il direttore di una casa di riposo vuole organizzare un weekend in Alsazia per 50 residenti durante il mercatino di Natale. Ha un budget di 500 euro per residente per il trasporto e l'alloggio, ma non sa come finanziare l'intero viaggio o dove sistemare i suoi residenti. Inoltre, non ha tempo da dedicare a questo progetto. Decide, quindi, di delegare alcuni compiti al suo staff, con l'obiettivo principale di accogliere i residenti nel miglior modo possibile, facendo attenzione a mantenere le cure necessarie. Affiderà i compiti di bilancio al suo responsabile finanziario, che è in grado di gestire questo tipo di compiti, e quelli di gestione dei trasporti e degli alloggi al suo assistente esecutivo.

AFFIDAMENTO DI COMPITI AL DELEGATO

Informare la persona interessata

Una volta individuata la persona che svolgerà la missione, dovrete informarla e spiegarle i dettagli della delega durante un colloquio. Questa è anche l'occasione per definire il quadro di riferimento e mobilitare la sua motivazione. Affinché l'incontro diretto si svolga nel migliore dei modi e serva da trampolino di lancio per il resto del processo, è necessario affrontare diversi punti.

- Spiegare al collaboratore le caratteristiche del progetto, come gli obiettivi da raggiungere, le risorse finanziarie assegnate al progetto, le risorse materiali e umane messe a disposizione, le scadenze fissate e gli ostacoli che potrebbe incontrare. Spiegate chiaramente le vostre aspettative in termini di risultati e assicuratevi che lo capisca. Ad esempio: "Nella nostra casa di riposo, voglio che ti occupi dell'implementazione della nuova attività per i nostri ospiti."

- Dovreste anche definire con il dipendente il grado di autonomia di cui dispone e chi deve contattare se la situazione andasse oltre il suo livello di responsabilità. Come regola generale, il margine di manovra del dipendente andrà di pari passo con la sua posizione gerarchica e le sue competenze. Il dirigente tenderà a dare più libertà al capo reparto che all'assistente amministrativo. D'altra parte, se il team è composto da dipendenti dello stesso grado, il manager regolerà l'autonomia in base alla fiducia che ha nella persona. Ad esempio: "Potete prendere tutte le decisioni sulle spese inferiori a 2.000 euro. Al di là di questo, dovete consultarmi." In genere esistono sei livelli di autonomia, da zero alla completa libertà di movimento.

 ## AUTONOMIA E RESPONSABILITÀ

Quando le persone hanno poca autonomia o potere decisionale, ma sono investite di molte responsabilità, possono crearsi tensioni e deteriorare il clima sociale dell'azienda. Pertanto, assicuratevi di assegnare un compito in cui il livello di autonomia sia in linea con quello di responsabilità. Non chiedete a un dipendente di essere responsabile di una decisione che avete imposto voi.

- Spiegate perché avete scelto lui/lei rispetto a un'altra persona, citando alcune delle sue competenze. Ad esempio: "Hai molti anni di esperienza in questo settore e hai buone capacità organizzative."

- Spiegate anche l'importanza del progetto nel suo complesso. Questo lo/la aiuterà a capire perché gli/le chiedete di svolgere questo o quel compito e lo/la motiverà. Ad esempio: "Ti chiedo di istituire questa nuova attività per gli anziani, perché abbiamo molte richieste da parte loro e questo sviluppo ci permetterebbe di distinguerci dalle altre case di riposo." Un altro esempio: "L'aggiunta di questa nicchia sarà molto vantaggiosa per l'immagine e il fatturato del nostro marchio."

- Infine, chiedetegli cosa ne pensa e negozia eventuali problemi.

L'OCCHIOLINO DEL MANAGER

Non dimenticate di informare l'intero team di questa decisione di delega. Ribadite gli obiettivi e le scadenze e coinvolgete il resto del gruppo nel successo del progetto, facendo capire che anche loro hanno un ruolo da svolgere.

Follow-up e supporto

Il monitoraggio e il controllo sono parte integrante del processo di delega. L'obiettivo è verificare che il collaboratore abbia tutte le informazioni, sia motivato e disponga dei mezzi necessari per raggiungere gli obiettivi. Il vostro ruolo è quello di aiutarlo a svolgere con successo la missione che avete gli affidato. Alcuni suggerimenti vi aiuteranno a impostare un follow-up di qualità:

- Stabilite delle scadenze e pianificate delle valutazioni durante il corso per riorientarvi o riadattarvi, se necessario;
- Ascoltate il vostro collaboratore e mostrate un atteggiamento premuroso. Non ha senso rimproverarlo per un piccolo errore; al contrario, incoraggiatelo per tutta la durata del progetto;
- Fornite formazione e strumenti per aiutarlo nel loro lavoro.

 **SORVEGLIANZA SÌ, POLIZIA NO!**

In questa fase, si tratta di accompagnare piuttosto che di supervisionare. Se il dipendente sente che state osservando ogni sua mossa, penserà che non vi fidate di lui, si sentirà inutile e alla fine la sua motivazione e il suo lavoro ne risentiranno. Se avete scelto lui, è perché se lo merita. Fateglielo capire dandogli un po' di libertà.

Resoconto

Il debriefing viene utilizzato per valutare la delega. Congratularsi con il collega se ha raggiunto l'obiettivo e, se ha fallito, cercare di capire insieme le ragioni di questo fallimento e cosa avrebbe potuto fare di diverso. Questo è un momento di comunicazione importante, quindi assicuratevi di ascoltarlo. Forse ha dovuto affrontare ostacoli che non si aspettava. O forse la pressione era troppo forte. Chiedetegli come si è sentito durante il compito e ora che è finito. E' pronto a farlo di nuovo? Se è così, probabilmente potete concordare nuovi progetti da delegare a lui.

I NOSTRI CONSIGLI

- Non limitatevi a delegare i compiti spiacevoli ai vostri dipendenti, ma assegnate loro anche compiti gratificanti: questo li motiverà. Lo stesso vale per voi: non tenete tutti i compiti poco interessanti e noiosi, ma trovate un equilibrio tra i due. Inoltre, delegate il lavoro per il quale non avete le competenze necessarie e che vi rallenterebbe notevolmente nella realizzazione del progetto o vi impedirebbe di sviluppare altre azioni. Ad esempio, non cercate di creare un programma per computer quando avete un genio del settore che può farlo in pochissimo tempo.

- Non date al vostro collaboratore troppe responsabilità in una volta sola, perché questo potrebbe stressarlo o addirittura fargli perdere la calma. Fatelo gradualmente. Iniziate con un compito abbastanza semplice e poi dategli maggiori responsabilità man mano che diventa più assertivo. Tuttavia, se si tratta di persone già esperte e collaudate, non esitate a delegare loro uno o più compiti, che poi potranno delegare a loro volta. In ogni caso, assicuratevi che siano d'accordo durante il colloquio.

- Affidate i compiti a una persona di fiducia, sia in termini di competenze che di comportamento professionale. Se avete dubbi su una persona, probabilmente perderete tempo a controllare il suo lavoro o a correggere gli errori, il che sarebbe piuttosto controproducente e dannoso per la vostra relazione e per il progetto.

- Date al vostro personale la libertà di scegliere i mezzi e i processi per avere successo. Questa autonomia dimostrerà la fiducia che riponete in loro e li motiverà.

- Il delegato deve essere in grado di contattarvi e di chiedervi informazioni su qualsiasi dubbio che possiate avere sui vari compiti. In caso contrario, il progetto subirà solo un rallentamento.

- Assicuratevi di monitorare l'andamento del progetto e di fornire un feedback costruttivo sui risultati raggiunti o da migliorare, rimanendo coerenti con le vostre aspettative. A tal fine, è possibile tenere un registro che mostri il ruolo di ciascun membro del team, la distribuzione dei compiti e il loro avanzamento. Si raccomanda anche l'organizzazione di riunioni di valutazione, purché non troppo frequenti.

- Se qualcosa non va secondo i piani, discutetene in privato con il vostro collega. Non è necessario rimproverarlo davanti a tutto il team, perché questo lo frustrerà, demotiverà e gli farà perdere credibilità con i colleghi.

- Evitate un monitoraggio eccessivo. Se continuate a supervisionare tutto in modo inopportuno, il vostro collaboratore sarà depotenziato e demotivato. Tuttavia, non bisogna delegare alla cieca e correre rischi considerevoli per l'azienda. Di tanto in tanto, date un'occhiata al vostro dipendente.

- Evitate di delegare in fretta e furia o troppo tardi. Una delega efficace richiede preparazione. Non aspettate di essere sopraffatti prima di decidere, perché il personale si sentirà usato come ruota di scorta e non sarà coinvolto come avreste voluto. Prendetevi il tempo necessario per analizzare il compito, definire le diverse azioni da svolgere, identificare il collaboratore appropriato e comunicare le informazioni relative al progetto.

- Non dimenticate di ringraziare, congratularvi e dare credito al dipendente. In fondo, è anche grazie a lui che il progetto ha avuto successo.

FAQ

NON MI SENTO SOPRAFFATTO, DEVO COMUNQUE DELEGARE?

Non è necessario delegare a tutti i costi. Fatelo quando avete grandi carichi di lavoro in arrivo, scadenze brevi da rispettare o se qualcuno è più competente di voi per svolgere un compito specifico. Delegare parte di un progetto è un modo efficace per portarlo a termine con successo. Permette di gestire meglio il proprio tempo e di concentrarsi su altre attività. Inoltre, affidando dei compiti ai vostri dipendenti, li responsabilizzerete e permetterete loro di investire nell'attività dell'azienda motivandoli.

QUANDO È IL MOMENTO GIUSTO PER DELEGARE?

Non aspettate di essere sopraffatti o di scoprire che non c'è modo (per mancanza di tempo o di competenze) di raggiungere l'obiettivo. Non appena si presenta un nuovo progetto, analizzate tutte le competenze e i compiti che saranno necessari per svilupparlo. Individuate quelle che potete gestire da soli e affidate le altre ai vostri colleghi. Inoltre, approfittate dei periodi di pausa per organizzare il trasferimento dei compiti.

QUANDO DELEGO, RINUNCIO A UNA PARTE DEL PROGETTO?

Contrariamente a quanto molti pensano, scaricare alcuni compiti non significa abbandonare il progetto. È un metodo necessario per organizzare meglio il tempo di lavoro, distribuendo compiti e responsabilità. Ciò contribuisce a ridurre lo stress, valorizzando e motivando il team. Delegare è l'opposto di abbandonare: vi dà gli strumenti per portare a termine il vostro progetto. Dimenticate i luoghi comuni e iniziate!

POSSO ASSEGNARE AI MIEI DIPENDENTI TUTTI I TIPI DI INCARICO?

È possibile delegare in tutti i settori: amministrativo, commerciale, finanziario, marketing, tecnico, ecc. L'importante è sapere cosa si vuole trasmettere agli altri e scegliere la persona adatta a cui affidare i compiti in base alle sue competenze e disponibilità, ma anche al grado di responsabilità che comporta. Tuttavia, alcuni ruoli della vostra funzione manageriale dovrebbero rimanere sotto la vostra responsabilità. Infine, evitate di abusare di questo approccio delegando compiti solo perché vi annoiano.

UNA VOLTA CHE IL COMPITO È STATO DELEGATO, DEVO ANCORA SVOLGERLO?

Il controllo è necessario in qualsiasi delega, purché sia ben equilibrato. Sarebbe controproducente monitorare

quotidianamente l'andamento del progetto e controllare ogni mossa del personale. È preferibile pianificare
incontri di valutazione, ma non troppo regolari per non
appesantire o rallentare il processo. Questi incontri
devono essere accompagnati da feedback costruttivi
per mantenere il collaboratore sulla retta via. Più che un
controllo, si tratta di accompagnarli nel successo della
missione.

QUALI STRUMENTI POSSONO AIUTARMI A ORGANIZZARE LA MIA DELEGA?

Non esistono strumenti specifici per questo. Tuttavia,
l'uso di tabelle di distribuzione dei compiti o di sistemi
di mappatura *mentale* può essere utile. Rimanere posi-
tivi e disponibili, comunicare in ogni momento, fornire
le risorse necessarie, incoraggiare e credere nel proprio
personale saranno le migliori risorse per il successo.

QUALI SONO I RISCHI DELLA DELEGA?

Sebbene la delega sia spesso raccomandata per alleg-
gerire il carico di lavoro, accelerare il processo di implementazione del progetto e valorizzare il personale
dell'azienda, vi sono alcuni rischi insiti nella delega,
come ad esempio:

- interrompere la gerarchia, nel senso che il processo
  decisionale dei subordinati prevarrebbe su quello dei
  superiori o creerebbe contraddizioni nella comunicazione;

- creare gelosia o risentimento all'interno del team;

- causare deviazioni se il delegato abusa del potere ricevuto o se il delegante affida un compito qualsiasi;

- creare frustrazione per il delegato se non è ben supportato o se gli obiettivi non sono chiaramente definiti.

COME POSSO ESSERE SICURO CHE IL MIO DIPENDENTE PRENDERÀ QUESTO INCARICO IN MODO POSITIVO?

Affinché il delegato accolga positivamente il compito che gli state affidando, non deve percepirlo come una missione sgradevole di cui volete sbarazzarvi. Spiegate perché avete scelto lui (quali competenze possiede), spiegate l'importanza del compito e dategli una certa autonomia nello svolgerlo. Coinvolgendolo nel progetto, dandogli fiducia, responsabilizzandolo e permettendogli di prendere l'iniziativa, si sentirà apprezzato e si coinvolgerà pienamente nel progetto.

È POSSIBILE REVOCARE UNA DELEGA DURANTE IL PROGETTO?

Un atto di delega a tempo indeterminato può essere revocato in qualsiasi momento. Se una persona abusa del suo potere, potete revocarlo. Va inoltre ricordato che la delega riguarda azioni o processi decisionali, il che significa che la partenza (naturale o meno) della persona responsabile di delegare parte dei suoi compiti o poteri non implica automaticamente la cessazione della delega.

DEVO FORMALIZZARE LA MIA DELEGA PER ISCRITTO?

In caso di trasferimento di poteri, si raccomanda vivamente di formalizzare la delega per iscritto, specificando la data di entrata in vigore, la durata, la natura dei poteri delegati ed eventuali accordi preliminari tra il delegato (la persona a cui sono affidate parte delle responsabilità) e il delegante (il responsabile che sta trasferendo parte dei suoi poteri).

In altri casi, come la delega di compiti su base occasionale, non è necessario un documento formale. Tuttavia, è importante ricordare che qualsiasi documento scritto può essere utile in caso di controversia e può costituire una prova.

PER APPROFONDIMENTI

FONTI BIBLIOGRAFICHE

Condis (Stéphanie), "Comment déléguer en 5 questions clés", in *L'Express*, febbraio 2011, consultato il 15 novembre 2015.

http://lentreprise.lexpress.fr/rh-management/management/comment-deleguer-en-5-questions-cles_1525738.html

Coudière (Hervé), "Savoir déléguer pour réussir", in *La formation pour tous*, settembre 2015, consultato il 3 dicembre 2015.

http://www.laformationpourtous.com/comportemental/pratiques-outils/savoir-deleguer-pour-reussir.html

"La délégation de pouvoirs dans les sociétés", in *Segeco*, gennaio 2010, consultato l'11 dicembre 2015.

http://www.segeco.fr/base-documentaire/la-delegation-de-pouvoirs-dans-les-societes-sp_fiche100112_1.html

Tramond (Philippe), "Sachez déléguer", in *Pilotis*, consultato il 15 novembre 2015.

http://www.pilotis.fr/extranet/upload/presse/78%20OCT%2009%20NOUV%20ENTREPRENEUR.pdf

FONTI AGGIUNTIVE

Ferrier (Nicolas), *La délégation de pouvoir, technique d'organisation de l'entreprise*, Paris, LexisNexis éditions, 2005.

Lallican (Jean-Ange), *L'art de déléguer. Manager dans la con-fiance*, Parigi, Dunod, 20'5.

Sorrel (Paul), *L'art de déléguer pour réussir*, Lyon, Éditions Juris, 1995.

Zinque (Nicolas), *Comment bien gérer un projet?* Bruxelles, Lemaitre Publishing, 2015.

Vogliamo sapere da voi!
Lasciate un commento sulla vostra biblioteca online
e condividete i vostri libri preferiti sui social media!

L'editore garantisce l'affidabilità delle informazioni pubblicate, che non possono tuttavia impegnare la sua responsabilità.

Master ISBN: 9782808608336
ISBN cartaceo: 9782808609548
Deposito legale: D/2023/12603/139

Design digitale: Primento,
il partner digitale degli editori.